GUÍA DE LECTURA

Escrita por Noémi Pineau
Traducida por Laura Bernal Martín

León el Africano

de Amin Maalouf

AMIN MAALOUF

PERIODISTA Y ESCRITOR FRANCO-LIBANÉS

- **Nacido en 1949 en Beirut (Líbano)**
- **Algunas de sus obras:**
    - *León el Africano* (1986), novela
    - *Las escalas de Levante* (1996), novela
    - *Identidades asesinas* (1998), ensayo

Amin Maalouf nació en Beirut en 1949, y trabajó como periodista para *An-Nahar*, el principal diario de la capital. Cuando estalló la guerra civil libanesa en 1975, se vio forzado al exilio y se instaló en París. Trabajó para *Jeune Afrique* y cubrió numerosos conflictos internacionales. Tras publicar en 1983 su primer ensayo, *Las cruzadas vistas por los árabes*, comienza su éxito como novelista gracias a *León el Africano* (1986). Desde entonces se dedica exclusivamente a la literatura, y ya ha publicado numerosas novelas, ensayos y libretos de ópera. En 1993 fue galardonado con el Premio Goncourt por su obra *La roca de Tanios*, cuya trama se desarrolla en el Líbano, país por el que siente una profunda nostalgia. En junio de 2011, Amin Maalouf fue elegido miembro de la Academia francesa.

LEÓN EL AFRICANO

LAS ANDANZAS DE UN APÁTRIDA EN UN TURBULENTO SIGLO XVI

- **Género:** novela
- **Edición de referencia:** Maalouf, Amin. 2005. *León el Africano*. Traducido por María Teresa Gallego Urutia y María Isabel Reverte Cejudo. Madrid: Alianza Editorial
- **Primera edición:** 1986
- **Temáticas:** religión, guerra, exilio, poder

León el Africano fue publicada en 1986. En la novela, Amin Maalouf narra las andanzas, desde los orígenes de su familia hasta su vejez, de un comerciante y diplomático mediterráneo, León el Africano, cuyo verdadero nombre es Hasan-al-Wazzan.

La obra no se limita a un simple relato biográfico, sino que nos ofrece el reflejo de una época extremadamente rica en lo que a episodios históricos se refiere. Las andanzas de León el Africano se ven íntimamente ligadas a los conflictos religiosos que tuvieron lugar en el siglo XVI y que le llevaron a recorrer la cuenca mediterránea.

RESUMEN

EL EXILIO DE HASAN Y SU FAMILIA A FEZ

El relato cuenta el nacimiento en Granada de Hasan, hijo de la primera esposa de Mohamed, Salma. Warda, su segunda mujer, es una esclava cristiana que le ha dado una hija, llamada Mariam. Un día, Warda se encuentra a su hermano Juan, que quiere devolverla a su familia y que abofetea a Mohamed. Tras el ultraje, este último echa a su mujer de casa.

En esa misma época, el reino musulmán se enfrenta a la amenaza cristiana. Un jeque (hombre respetado por su ancianidad y su sabiduría), Astaghfirullah, predice la caída de Granada. La situación se vuelve cada vez más difícil, y Jali, el tío de Hasan, decide exiliarse. Entre 1491 y 1492, la ciudad cae en manos de los cristianos bajo el reinado de Fernando II de Aragón e Isabel de Castilla. Este episodio marca el fin de la convivencia entre cristianos y musulmanes. El ejército cristiano de los castellanos avanza y toma Melilla, mientras que la Inquisición (tribunal encargado de perseguir la herejía) llevada a cabo contra los musulmanes que viven en Granada se intensifica y provoca una masacre.

La familia de Hasan embarca en Almería para exiliarse en Fez, destino que se revelará definitivo. En Melilla, Hasan y los suyos se encuentran a Warda y a Mariam: Mohamed, arrepentido de su actitud, había conseguido organizar su fuga. Cuando llega a Fez, la familia de Hasan, ahora al completo, desea instalarse en casa de Jali, hermano de Salma.

Sin embargo, Jali se niega a acogerlos debido a la presencia de Warda. El hombre considera que el hermano de la joven ha deshonrado a su familia al golpear a Mohamed, y le reprocha a este haber vuelto junto a ella.

Salma intenta que su marido se aleje de Warda y le echa una poción por encima cuando este duerme. Sin embargo, su marido se despierta y, encolerizado, la echa. El pequeño Hasan y su madre, al verse solos, se instalan en casa de Jali. El niño empieza a ir a la escuela y se hace amigo de Harún el Hurón y Ahmed el Cojo.

EL INICIO DE SU CARRERA DE COMERCIANTE

Un día, Mariam hace que Hasan le prometa que la protegerá de los demás hombres. Por desgracia, la joven está prometida a un hombre deshonesto, violento y mucho mayor que ella, el Zeruali. Hasan intenta decirle a su padre que es un hombre peligroso, pero este no quiere escucharle y le da una bofetada. Harún logra que corran por toda la ciudad rumores sobre el Zeruali, y consigue así anular el matrimonio de Mariam. Como venganza, el Zeroualí hace que la encierren en el barrio de los leprosos.

En nuevo sultán de Fez le encarga a Jali llevar un mensaje al soberano de Sudán. Hasan le acompaña, y durante la travesía aprende el oficio de comerciante y de diplomático. Regresa acompañado de Hiba, una esclava que le ha ofrecido el soberano de Sudán, y Jali muere como consecuencia de una enfermedad. Poco después, comienza su carrera de comerciante.

Respetando la voluntad de su difunto tío, Hasan se ve obligado a casarse con la hija más joven de este, Fátima. En cuanto a sus padres, se han vuelto a casar. Hasan tiene una hija a la que llama Sarwat. Más adelante, Fátima muere en otro parto.

Un comerciante le pide a Hasan que vaya a buscarle mercancía. Hace buenos negocios, y a continuación salva la ciudad de Tefza negociando su libertad ante un ejército que quiere someterla. Se enriquece. Al mismo tiempo, el avance de los castellanos por el Magreb continúa. El sultán le envía para garantizar la lealtad de Ahmed, su amigo, que se encuentra en Agadir. Desafortunadamente, devorado por las ansias de poder, Ahmed rechaza someterse a cualquier tipo de autoridad.

Por su parte, Harún anuncia que quiere casarse con Mariam. Decide sacarla del barrio de los leprosos e irse a vivir con ella a las montañas. Para lograrlo, asesina al Zerualí. Sin embargo, el sultán hace responsable a Hasan del comportamiento de Harún y le condena a dos años de destierro. Por el camino, una tempestad echa a perder toda su fortuna.

EL ENCUENTRO CON LA PRINCESA NUR

Hasan llega a El Cairo, afectado por una epidemia de peste. Allí conoce a un comerciante que le propone cuidar de su casa en su ausencia. Hasan se siente rápidamente como en casa. Conoce, además, a la princesa Nur, viuda del emir Aladino, sobrino del Gran Turco. Se enamora de ella. Desde la muerte de su marido, la princesa Nur vive sumida en la pobreza con su hijo Bayaceto como única compañía. La joven oculta la existencia de este, puesto que en el futuro podría querer hacerse con el trono otomano y derrocar al soberano actual.

Nur y Hasan se casan y tienen una hija, Hayat. Cuando el padre de Hasan muere, regresan a Fez. Hasan se encuentra con Harún, del que dicen que se ha convertido en un bandido.

Harún le obliga a ir a Constantinopla junto a su familia para llevarle un mensaje al sultán Selim. Una vez allí, Hasan se entera por casualidad de que el sultán quiere atacar El Cairo. Nur le insta a volver y alertar a la ciudad. El sultán egipcio abandona El Cairo, pero muere en una batalla. La ciudad cae en manos del Gran Turco. Un consejero del sultán egipcio, Tumanbay, intenta organizar la resistencia contra los otomanos, pero es ejecutado.

LAS PERIPECIAS ROMANAS DE JUAN LEÓN DE MÉDICIS

Dos marineros secuestran a Hasan cuando emprende la peregrinación a La Meca. El pirata Pietro Bovadiglia le convierte en su esclavo y se lo ofrece como regalo al papa León X. A pesar de su condición de esclavo, pronto obtiene permiso para pasear a sus anchas por Roma y es bautizado. Poco después, el papa le adopta bajo el nombre de Juan León de Médicis. Se casa con Maddalena, una judía convertida al cristianismo, y tienen un hijo llamado Giuseppe.

Algún tiempo después, el papa León X fallece a causa de una enfermedad y Roma se vuelve menos hospitalaria para Juan León. Los cardenales eligen a Adriano como nuevo papa y

Juan León participa en una movilización en su contra. Por otra parte, se entera de que Nur no le ha esperado, pues se ha ido y le ha dejado a su hija. Le detienen.

Unos meses más tarde liberan a Juan León. Su amigo, el cardinal Julio de Médicis, se ha convertido en el papa Clemente VII. Este último, dividido entre el reino Solimán y el de Carlos V (rey de España y emperador), espera poder aliarse con Francisco I, rey de Francia, para acabar con su aislamiento. Para encarar tal tarea, le pide ayuda a Juan León el diplomático.

Juan León se reúne con un embajador del Gran Turco, que resulta ser Harún. El otrora bandido rechaza sus intenciones guerreras en aras de una paz duradera. Lejos de allí, el rey de Francia ha sido derrotado por las tropas de Carlos V, y por tanto ya no se ve como una posible alianza para el papa. Aun así, este sigue deseando con todas sus fuerzas aliarse con Francisco I. Algo más tarde, un ejército de miles de hombres al servicio de Carlos V invade Roma. Gracias a la ayuda de un amigo, Juan León escapa junto a su familia.

ESTUDIO DE LOS PERSONAJES

HASAN-AL-WAZZAN O LEÓN EL AFRICANO

El personaje principal se presenta ya desde el prefacio de la obra como la encarnación de un hombre cosmopolita:

> «A mí, Hasan, hijo de Mohamed el alamín, a mí, Juan León de Médicis, circuncidado por la mano de un barbero y bautizado por la mano de un papa, me llaman hoy el Africano, pero ni de África, ni de Europa, ni de Arabia soy. Me llaman también el Granadino, el Fesí, el Zayyati, pero no procedo de ningún país, de ninguna ciudad, de ninguna tribu. Soy hijo del camino, caravana es mi patria y mi vida la más inesperada travesía» (Maalouf 2005, Prefacio).

No obstante, este cosmopolitismo es a menudo fruto de los acontecimientos más que de su propia voluntad. Se acompaña del estatus de apátrida desde que abandona Granada.

Como consecuencia de esta forma de ver las cosas, el personaje relativiza numerosas opiniones y realidades:

> «Salí de mi prolongado retiro campesino, salpicado no obstante de contemplaciones y silenciosos paseos, sin certidumbre alguna. Todas las ciudades eran perecederas; todos los imperios, carniceros; la Providencia era insondable. Únicamente me reconfortaban la crecida del Nilo, la ronda de los astros y los nacimientos, llegada la estación, de las crías de búfalo» (Maalouf 2005, El año del rapto, 924 de la hégira).

León el Africano le da mucha importancia a las relaciones

humanas. Intenta conocer a las personas con las que se cruza, y siempre se alegra al volverse a encontrar con alguien que conoció en el pasado. Para él, las diferencias culturales o religiosas no suponen en ningún caso un obstáculo.

León el Africano se cuestiona en repetidas ocasiones el valor del hombre. Insiste en que la posición social tiene poca importancia, al contrario de lo que ocurre con las cualidades morales. Es así como, a pesar de su pobreza, los mozos de cuerda (antiguo gremio encargado de acarrear bultos) consiguieron ganarse a pulso el respeto de la ciudad de Fez gracias a su irreprochable comportamiento. León le da tal importancia a las cualidades morales que cuando ve a su padre en una taberna acompañado de una mujer sufre una gran conmoción: « Sentía vergüenza, dolor. No paraba de correr, con las lágrimas resbalándome por las mejillas, los ojos casi cerrados, un nudo en la garganta, sin resuello» (Maalouf 2005, El año de Harún el Hurón, 903 de la hégira).

No obstante, León comprende después el comportamiento de su padre y le perdona: viendo las cosas con perspectiva, percibe la existencia como un camino sembrado necesariamente de trampas. Según León, es normal que los hombres se extravíen en su búsqueda de la felicidad, pues son los errores los que ayudan a progresar:

> « [...] he tenido que esperar a las primeras canas, los primeros arrepentimientos, antes de convencerme de que todo hombre, incluso mi padre, tenía derecho a errar el camino si creía perseguir la felicidad. A partir de entonces, empecé a amar sus extravíos, como espero que ames tú los míos, hijo. Te deseo, incluso, que te extravíes

tú también». (Maalouf 2005, El libro de Fez, prefacio).

Según León, el hombre es entregado a la suerte del destino y busca desde ese momento descifrar el sentido de su vida, mediante la superstición o apegándose a objetos y símbolos, tal y como explica cuando habla sobre un amuleto: «No creo que este amuleto posea ningún poder mágico, pero el hombre es tan vulnerable frente al Destino que no puede sino encariñarse con objetos rodeados de misterio» (Maalouf 2005, El año de los amuletos, 895 de la hégira). La magia, en ocasiones valorada por el narrador, forma parte de la vida cotidiana.

LAS MUJERES

En la novela, las mujeres están sometidas a los hombres. Mariam resume su situación al confesarle a León que le dan miedo todos los hombres, excepto su propio hermano: «Mi deber es temer a todos los demás hombres. Hoy, a mi padre, mañana a mi marido; a todos los que no son de mi familia y de los que debo mantenerme apartada» (Maalouf 2005, El año de los leones enfurecidos, 906 de la hégira). El episodio de la fiesta de compromiso entre Mariam y el Zerualí refleja la total libertad de la que el hombre dispone para tratar a la mujer a su antojo, hasta el punto tener en sus manos su vida y su muerte: «Basta una denuncia, una calumnia, una palabra insidiosa que deje caer una rival para que la infeliz muera estrangulada» (Maalouf 2005, El año de la estratagema, 908 de la hégira). Sin embargo, las mujeres aparecen representadas con una personalidad igual o en ocasiones superior a la de los hombres.

A menudo, las mujeres tienen defectos causados por su estatus social. Esto se refleja, sobre todo, en los celos derivados de la convivencia de más de una esposa en el mismo hogar, siendo una oficial y el resto esclavas, tal y como acontece en la familia de León el Africano, en la que se vive una constante lucha entre dos mujeres que quieren darle un hijo a Mohamed. No obstante, a pesar de los celos, la clara separación que existe entre el mundo masculino y el universo femenino crea en ocasiones un fuerte sentimiento de pertenencia y de solidaridad entre las mujeres. Este es el caso de Salma y su vecina Sarah, e incluso de Warda y Salma.

A pesar del poco control que tienen sobre su destino, el narrador presenta a las mujeres en muchas ocasiones como personas valientes. Este es el caso de Mariam y de todas las esposas de León el Africano.

LOS HOMBRES

En *León el Africano*, la representación de la comunidad masculina es bastante más negativa que la de la femenina. El orgullo y la sed de poder que manifiestan en diversos ámbitos de la vida les llevan a cargar la culpa de su propio fracaso.

Mohamed no es ninguna excepción: se pasea con sus dos esposas embarazadas por la ciudad de Granada y está a punto de provocarles partos prematuros. Además, como muchos otros, nunca se recupera de su salida forzada de Granada y la esperanza de volver un día será su única razón de vivir:

«Mira, Hasan todos esos hombres siguen teniendo, colgada de la pared, la llave de su casa de Granada. Todos los días la miran y, al mirarla, suspiran y rezan. […]. La única razón de vivir que tienen es pensar que pronto, gracias al gran sultán o a la Providencia, recuperarán su casa, el color de sus piedras, el aroma de su jardín, el agua de su fuente, intactos, sin antelación, como en sus sueños» (Maalouf 2005, El año del hammam, 905 de la hégira).

Así y todo, prefieren el exilio a la humillación. Tras la toma de Granada, Astaghfirullah intenta convencer a los musulmanes de que es mejor exiliarse a quedarse en una ciudad tomada por el enemigo:

«Marchaos, emigrad, dejad que Dios guíe vuestros pasos, pues si accedéis a vivir en la sumisión y la humillación, si accedéis a vivir en un país en el que se hace mofa de los preceptos de la Fe, en el que se insulta a diario al Libro y al Profeta - ¡oración y salvación para él! – daréis del islam una mala imagen envilecedora de la que el Altísimo os pedirá cuentas el día del Juicio» (Maalouf 2005, El año de la travesía, 899 de la hégira).

CLAVES DE LECTURA

UNA NOVELA HISTÓRICA

Se trata de una novela de ficción histórica, es decir, que mezcla elementos ficticios con hechos reales. Por una parte, el autor se inventa a los personajes principales (Hasan y su familia) así como a sus vivencias. Por otra parte, el contexto histórico en el que se enmarca la historia es real: la novela describe los acontecimientos que marcaron el siglo XVI, principalmente alrededor de la cuenca mediterránea. Los viajes que emprende el personaje principal, León, que hace las veces de narrador, le permiten al autor representar las distintas zonas de influencia de la Europa del siglo XVI:

- el reino árabe que gobierna en Granada al principio de la novela y que va poco a poco retrocediendo ante el avance de los cristianos;
- el conjunto que forman el reino de España y el Sacro Imperio Romano Germánico, bajo la batuta de Carlos V;
- el reino de Francia, encabezado por el rey Francisco I;
- el pontificado romano;
- el Imperio otomano.

La novela transcurre en un contexto de incesantes guerras surgidas como consecuencia de los desafíos políticos y religiosos de la época. Los hombres que las encabezan son descritos como personas cegadas por la pasión, el deseo o la avaricia. León evoca la «locura» y la «ceguera» (Maalouf 2005, El año de los amuletos, 895 de la hégira) presentes en su entorno.

Como el narrador es de origen islámico, la novela se centra más en el futuro del islam en el siglo XVI: el lector sigue las travesías forzosas de Hasan y su familia para escapar de los cristianos. Más tarde, León es testigo del máximo esplendor del Imperio otomano, y finalmente, de los problemas de la Iglesia católica. Trataremos cada uno de estos episodios históricos a continuación.

EL LIBRO DE GRANADA Y EL LIBRO DE FEZ: EL DESTINO DEL ISLAM

Ya desde el inicio de la novela, parece que la edad de oro del islam ha pasado. Esta época pasada aparece no obstante como más virtuosa y razonable que la actual:

> «¿Quién se atreve a pretender estar más cerca de la Verdad de lo que lo han estado el Profeta y sus compañeros? Porque se han apartado del buen camino, porque han permitido que se corrompieran las costumbres y las ideas, es por lo que los musulmanes han flaqueado ante sus enemigos» (Maalouf 2005, El año de Astaghfirullah, 896 de la hégira).

Algunos personajes atribuyen el fracaso de la sociedad islámica al hecho de que la cultura deja de ocupar un lugar preponderante en la sociedad: «Abu-Jamr se lamentaba, por cierto, de que los países musulmanes produjeran menos libros que en el pasado y de que se tratara sobre todo de simples reediciones o de resúmenes de libros antiguos» (ibídem).

Por otro lado, la ciudad de Granada, antes musulmana, se

ve debilitada ante la conquista de los cristianos. La toma de la ciudad por el rey Fernando supone el fin de la convivencia de las religiones. Antiguamente, las religiones se mezclaban y tomaban prestadas costumbres y fiestas de unos y otros: «[E]l calendario cristiano no servía sólo para cuidar las plantas sino que proporcionaba, igualmente, múltiples ocasiones de celebrar fiestas, cosa de la que mis compatriotas nunca se privaban» (Maalouf 2005, El año del Mihrayán, 898 de la hégira).

A partir de entonces, Granada deja de ser una ciudad propiamente dicha para convertirse en un territorio conquistado en el que sus habitantes se ven sometidos a humillaciones y persecuciones, y de la que incluso han tenido que huir: «[S]ólo la he conocido agonizante, vacía de sus hombres y de su alma, humillada, extinguida [...]» (Maalouf 2005, El año de las hospederías, 900 de la hégira). La Inquisición causa estragos en la ciudad e incluso los conversos son perseguidos, como explica Sarah, la vecina de la familia: «Siete primos míos están en la cárcel, a una sobrina la han quemado viva junto con su marido, acusados de haber seguido siendo judíos en secreto» (Maalouf 2005, El año de los adivinos, 901 de la hégira). Este sentimiento de final de era llega también a Fez simbolizado por la aparición de la epidemia de sífilis, que se atribuye a su vez a todos los extranjeros que han llegado a la ciudad.

EL LIBRO DE EL CAIRO: EL CRECIMIENTO DEL IMPERIO OTOMANO

El viaje a El Cairo revela a Hasan al creciente poder del

Imperio otomano. Selim I, conocido como «el Severo», ocupa el trono desde 1512. Ha obligado a abdicar a su padre Bayaceto y ha organizado la masacre de todos los potenciales pretendientes al trono con el fin de proteger su posición. Comienza a reforzar el Imperio mediante la conquista de Irán y Egipto. En la novela, Hasan asiste a la toma de El Cairo por el sultán otomano, un acontecimiento que, en efecto, tuvo lugar en 1517. Selim también obtiene el poder sobre la Meca y se autoproclama califa, autoridad espiritual de los musulmanes.

Su sucesor, Süleymán, más conocido como Solimán el Magnífico, reina entre 1520 y 1566, y será él quien lleve al Imperio a su mayor esplendor, pues se hace con casi la totalidad del mundo árabe. En Europa, los otomanos también hacen temblar a los poderes de la época. Tras la toma de Belgrado y de la actual Hungría, Solimán llegará hasta las murallas de Viena en 1529.

En la novela, Hasan es testigo del avance de los otomanos hasta la toma de El Cairo, que intenta evitar, en vano. Aunque profesan la misma religión, se considera que esta toma de poder marca el inicio del desmoronamiento espiritual de la civilización del antiguo islam.

EL LIBRO DE ROMA: CATOLICISMO Y PROTESTANTISMO

En el libro de Roma, León se encuentra en el corazón de las reflexiones del pontificado sobre su estrategia de alianzas. Roma está en el centro de varias zonas de gran influencia y quiere aliarse con una de ellas para contar con un protector. El papa Clemente VII decide unirse al rey de Francia, pero resulta ser una mala elección, puesto que el rey es detenido. Roma debe enfrentarse entonces al asalto de Carlos V, con quien no ha querido aliarse y cuya sed de poder le lleva a desear conquistar la ciudad.

La novela tiene también como telón de fondo el surgimiento de los protestantes, que cuestionan el papel de la Iglesia y del papa. Se rebelan contra el tren de vida de los religiosos romanos que, entregados al pecado, tienen amantes y viven en la opulencia. Hans, amigo de León el Africano, expresa su rechazo ante esta actitud de la siguiente manera:

> «Quería que tuvieras continuamente presente este espectáculo de miseria cuando vieras vivir a los príncipes de la Iglesia, a todos esos cardenales que poseen tres palacios cada uno en los que rivalizan en suntuosidad y desenfreno, en los que organizan festín tras festín, con doce platos de pescado, ocho ensaladas, cinco clases de dulces» (Maalouf 2005, El año de los herejes, 926 de la hégira).

Debido a los protestantes, el papa se encuentra en una de las situaciones más inestables que ha conocido, como le escribe Lutero (teólogo y reformista alemán, 1483-1546): «Oh, tú, León, el más infortunado de todos, estás sentado en el más peligroso de los tronos. Roma fue antaño una puerta del Cielo, ahora es la boca abierta del Infierno» (ibídem). Cuando el pontífice fallece, el nuevo papa Adriano comienza a limpiar Roma y la Iglesia de todo pecado. Elimina las pensiones prometidas a las personalidades más relevantes, los pedidos de obras de arte, libros y edificaciones. Además, quiere movilizar a los cristianos contra los musulmanes.

León vive la entrada de los luteranos en Roma como si de un apocalipsis se tratara. Los soldados saquean y asesinan, ensañándose sobre todo con el clero: «¡Por el Dios que me ha hecho recorrer el ancho mundo, por el Dios que me ha hecho vivir el tormento de El Cairo y el de Granada, nunca he visto de cerca tanta bestialidad, tanto odio, tanto sanguinario encarnizamiento, tanto placer en la matanza, la destrucción, el sacrilegio!» (Maalouf 2005, El año de los lansquenetes, 933 de la hégira), explica León. Incluso Hans, ferviente luterano, no se reconoce en estos abusos.

De esta forma, como hemos constatado, la novela pone especialmente de manifiesto las desviaciones religiosas, no por culpa de sus cualidades intrínsecas, sino por los actos de aquellos que las practican.

PISTAS PARA LA REFLEXIÓN

ALGUNAS PREGUNTAS PARA PROFUNDIZAR EN SU REFLEXIÓN...

- ¿Podemos establecer un paralelismo entre el destino de León el Africano y el del autor?
- ¿Cómo se representa, respectivamente, a los hombres y a las mujeres en la novela?
- Comente la siguiente cita:

> «Una vez más, hijo mío, me lleva este mar, testigo de mis erráticos pasos y que, ahora, te conduce hacia tu primer exilio. En Roma, eras "el hijo el Africano"; en África, serás "el hijo del Rumí". Estés donde estés, querrán hurgar en tu piel y en tus plegarias. ¡Guárdate de halagar sus instintos, hijo mío, y guárdate de doblegarte a la muchedumbre! Musulmán, judío o cristiano, que te tomen como eres o que prescindan de ti» (Maalouf 2005, Epílogo).

- Realice una descripción general de las principales grandes potencias políticas que rodeaban la cuenca mediterránea en el siglo XVI.
- Según usted, ¿podemos considerar esta novela como un documento histórico? Justifique su respuesta.
- ¿Cómo aparecen representadas las religiones en la novela? Profundice sobre todo en el cristianismo y en el islam.
- ¿Qué lugar se le reserva a la magia en *León el Africano*? Explique su respuesta.
- ¿Qué es lo que le confiere valor a un hombre, según León?

¿Qué opina usted sobre esta cuestión?

PARA IR MÁS ALLÁ

EDICIÓN DE REFERENCIA

- Maalouf, Amin. 2005. *León el Africano*. Traducido por María Teresa Gallego Urutia y María Isabel Reverte Cejudo. Madrid: Alianza Editorial.

ESTUDIO DE REFERENCIA

- Beaumarchais, Jean Pierre, Daniel Couty y Alain Rey. 1984. *Dictionnaire des littératures de langue française*. París: Bordas.

ResumenExpress.com